Norbert Golluch

Die lustigsten
WITZE
für Kinder

Für Kinder ab 8 Jahren

riva

Bibliografische Information der Deutschen Nationalbibliothek
Die Deutsche Nationalbibliothek verzeichnet diese Publikation in der Deutschen Nationalbibliografie. Detaillierte bibliografische Daten sind im Internet über http://d-nb.de abrufbar.

Für Fragen und Anregungen
info@rivaverlag.de

1. Auflage 2020
© 2020 by riva Verlag,
ein Imprint der Münchner Verlagsgruppe GmbH
Nymphenburger Straße 86
D-80636 München
Tel.: 089 651285-0
Fax: 089 652096

Umschlaggestaltung und Layout: Karina Braun
Satz: Müjde Puzziferri, MP Medien, München
Illustrationen im Innenteil: Falko Honnen
Druck: CPI books GmbH, Leck
Printed in Germany

ISBN Print 978-3-7423-1505-2
ISBN E-Book (PDF) 978-3-7453-1247-8
ISBN E-Book (EPUB, Mobi) 978-3-7453-1246-1

Weitere Informationen finden Sie unter:
www.rivaverlag.de
Beachten Sie auch unsere weiteren Verlage unter www.m-vg.de

Norbert Golluch

Die lustigsten
WITZE für Kinder

INHALT

BEREIT FÜR KICHERANFÄLLE UND LACHKRÄMPFE?

Du bist ein kleiner Scherzbold, der immer einen Grund zum Lachen sucht, und seine Freunde gerne mit neuen Witzen und lustigen Geschichten unterhält? Dann ist dieses Buch genau das Richtige für dich!

Hier findest du über 300 urkomische Witze und Scherzfragen, bei denen bestimmt kein Auge trocken bleibt. Manche handeln von rätselhaften Tieren, andere von komischen Berufen oder von frechen Schülern und ratlosen Lehrern. Da ist garantiert für jeden etwas dabei – zum Lesen, Weitererzählen und Schlapplachen.

VIEL SPASS!

TIERISCH WITZIG

Treffen sich zwei Schnecken auf der einsamen Landstraße. Die eine will rübergehen. Sagt die andere: »Vorsicht, in einer Stunde kommt der Bus!«

Warum ist der Eisbär weiß? Wäre er rot, wäre er ein Erdbär.

Was sagt die Schnecke auf dem Rücken der Schildkröte? Huuiii!

Eine Heringsfamilie schwimmt in der Nordsee, da begegnet ihr ein U-Boot. Die kleinen Heringe gucken ganz ängstlich und verstecken sich hinter ihren Eltern. Papa Hering beruhigt sie: »Keine Angst! Das sind doch nur Menschen in Dosen!«

Welche Haustiere sind besonders gefährlich?
Kamikatzen.

Was sitzt auf einem Baum und winkt? Ein
Huhu.

Was schwimmt auf dem Wasser und macht
»Kikeriki«? Ein Wasserhahn.

Was ist schwarz-weiß gestreift und kommt
nicht vom Fleck? Ein Klebra.

Im Lederwarengeschäft.
Jonas fragt: »Papa, werden Krokodile mit Seide gefüttert?«

»Wie kommst du denn darauf, Jonas?«
»Hier auf der Tasche steht: Echt Krokodil, mit
Seide gefüttert!«

Welches Tier versteckt sich im Kaffee?
Der K-Affe-e...

Das Mückenkind kommt vom ersten Flug
zurück. »Super! Alle haben geklatscht, als ich
vorbeikam!«

Wo schlafen Fische? Im Flussbett.

Welches Tier hat den Po vorne und man kann
trotzdem darauf reiten? Das Po-ny.

Schnecke 1: »Woher hast du das blaue Auge?«
Schnecke 2: »Ich war joggen, und plötzlich
kam neben mir ein Pilz aus der Erde
geschossen!«

Wo wohnen Katzen? Natürlich im Miezhaus!

Was ist der Unterschied zwischen Waldkauz
und Uhu? Uhu klebt besser.

»Papa, warum fliegen die Vögel in den Sü-
den?« – »Weil es zu Fuß zu weit wäre!«

Was sitzt auf einem Baum und schreit:
»Aha!«? Ein Uhu mit Sprachfehler.

»Martin, was ist dein Lieblingstier?«
»Schwein –paniert, gebraten, mit Pommes und Ketchup!«

Wie heißt eine Mücke auf dem Acker? Ein Feldstecher.

Steht ein Schwein vor einer Steckdose: »Na, Kumpel, wer hat dich denn eingemauert?«

Wie fängt man einen Hasen?
Man legt sich auf die Erde und macht das Geräusch einer wachsenden Mohrrübe nach.

Was ist verdammt langsam und hat 'ne große Zunge? Eine Schlecke.

Alle Tiere wollen auf die Arche Noah und stehen Schlange. Ein Tier nach dem anderen geht an Bord. Plötzlich stockt es, keiner weiß, warum es nicht weitergeht. Die Giraffe schaut nach und weiß Bescheid: »Das kann lange dauern. Die Tausendfüßer ziehen ihre Schuhe aus!«

Wie nennt man einen verletzten Hahn? Aua-hahn.

Was schwimmt auf dem Wasser und fängt mit Z an? Zwei Enten!

Der Lehrer fragt: »Wer kann mir sagen, weshalb der Hahn beim Krähen die Augen schließt?« »Weil er es schon auswendig kann!«, antwortet Magdalena.

Was macht man mit einem Hund ohne Beine? Um die Häuser ziehen …

Welche Schlange beißt nicht und hat auch keine Giftzähne? Die Schlange an der Kasse.

GANZ SCHÖN FRECH

Sportunterricht. Alle liegen auf dem Rücken und strampeln mit den Beinen, als würden sie Rad fahren. Nur Samuel nicht.
»Sag mal, Samuel, warum machst du nicht mit?«, beschwert sich der Lehrer. »Warum trittst du nicht in die Pedale?«
»Brauche ich nicht, Herr Lehrer, es geht gerade bergab!«

Eine junge Lehrerin bittet die Schüler, doch endlich still zu sein.
Ein Schüler verständnislos: »Wenn wir ruhig sind, reden Sie doch andauernd.«

Der Lehrer im Sozialkundeunterricht: »Wusstet ihr eigentlich, dass bei jedem Atemzug, den ich mache, ein Mensch stirbt?«
Der freche Uwe aus der letzten Reihe ruft: »Wollen Sie es nicht mal mit Mundwasser versuchen?«

In der Deutschstunde ist Sachbeschreibung das Thema. Die Lehrerin legt ihren neuen Hut auf den Tisch und bittet die Kinder, ihn zu beschreiben. Alle arbeiten konzentriert. Da meldet sich der kleine Thommy: »Schreibt man ätzend eigentlich mit z oder tz?«

»Der Lehrer beklagt sich über dich, Dominik«, sagt die Mutter.
»Sieh das nicht so eng, Mama«, meint Dominik, »heute beklagen sich doch alle Leute.«

Lehrer: »Julia! Aufwachen! Ich glaube nicht, dass die Schule der richtige Ort für ein Nickerchen ist!«
Julia: »Doch, das geht schon. Wenn Sie nur bitte ein bisschen leiser sprechen würden ...«

Mit Tränen in den Augen steht Vanessa vor dem Lehrer:
»Ich finde ja auch nicht alles richtig, was Sie machen, aber renne ich deswegen gleich zu Ihren Eltern?«

Im Deutschunterricht geht es um die verschiedenen Zeiten – Vergangenheit, Gegenwart und Zukunft. Fragt der Lehrer: »Wenn ich sage: ›Ich bin krank‹, was ist das für eine Zeit, Erik?«
»Eine wunderbare Zeit, Herr Lehrer!«

David kommt zu spät in die Schule und ist völlig außer Atem.
»Herr Lehrer, ich bin von Räubern überfallen worden!«
»Das ist schlimm«, meint der Lehrer mitfühlend. »Und was haben sie dir gestohlen? Dein Handy?«
»Nein, Gott sei Dank wollten sie nur die Hausaufgaben!«

Rechenunterricht in der 3. Klasse. Die Lehrerin fragt: »Was ist die Hälfte von zwölf?«
Janina gelangweilt: »Weiß nicht, aber allzu viel kann's nicht sein!«

Paula klingelt bei der Nachbarin.
»Mama hat gesagt, ich soll fragen, ob wir Ihre
Schere ausleihen könnten.«
»Aber natürlich. Habt ihr denn keine eigene?«
»Doch, aber die wollen wir uns nicht beim
Dosenöffnen kaputt machen.«

»Guten Morgen«, begrüßt der Lehrer seine
Klasse. »Ihr schreibt jetzt einen Aufsatz zu
dem Thema: ›Unser Kanarienvogel‹!« Alle
legen los, Jonas knallt nach zwei Minuten
seinen Stift auf den Tisch: »Fertig!«
»Was!«, staunt der Lehrer. »Dann lies mal vor!«
Stefan räuspert sich und liest: »Unser Kanarienvogel... wir haben keinen.«

»Höflichkeit ist ein wichtiger Bestandteil in unserem Leben«, doziert der Lehrer.
»Wir sagen deshalb nicht Meier, sondern Herr Meier.«
»Herr Lehrer, einmal im Monat sagt meine Mutter sogar ›Herr‹ zu meinem Vater!«, wirft Magnus ein, »wenn mein Papa Geld mit nach Hause bringt, sagt sie zu ihm: ›Her mit dem Moos!‹«

»Wer kann mir sagen, was es vor hundert Jahren noch nicht gegeben hat?«, fragt der Lehrer.
Die Schüler antworten: »Flugzeuge, Raketen, Handys ...«
»Lukas, weißt du auch etwas?«
»Ja, Herr Lehrer, meine kleine Schwester und mich!«

Im Paradies fragt Eva: »Adam, liebst du mich?«
Darauf antwortet Adam: »Na, wen denn sonst?«

»Könnten Sie bitte mal den Hund streicheln?«,
bittet Emilia einen netten Herrn im Park.
»Aber sicher doch, mein Kind. Du bist wohl
sehr stolz auf deinen Hund ...«
»Das ist nicht mein Hund. Ich wollte nur wissen, ob er beißt.«

Vincent kommt zum x-ten Mal zu spät. »Was war denn heute wieder?«, seufzt der Lehrer genervt.

»Tut mir leid, dass ich zu spät bin«, antwortet Vincent achselzuckend, »aber die Straßenbahn hatte einen Platten.«

»Sebastian, komm mal her. Die Lehrerin hat sich schon wieder bei mir über dich beschwert!«

»Das ist gar nicht möglich, Papa. Ich war nämlich überhaupt nicht in der Schule!«

»Mama, gibst du mir einen Euro für einen armen alten Mann?«

»Schön, dass du helfen willst! Wo ist der alte Mann denn?«

»Er steht jeden Mittag neben unserer Schule und verkauft Eis in der Waffel …«

Der Lehrer ruft kopfschüttelnd: »Du solltest dich schämen! Als ich so alt war wie du,
konnte ich doppelt so gut rechnen.«
Daraufhin antwortet der Schüler: »Na klar, Sie
werden einen doppelt so guten Lehrer gehabt
haben wie ich.«

Der Tierstimmenimitator ist sehr von sich
überzeugt. Am Ende der Vorstellung bietet er
dem Publikum eine Wette an: »Hundert Euro
für jeden, der mir eine Tierart nennt, die ich
nicht nachahmen kann!«
Thorsten antwortet prompt: »Halbes Hähn-
chen! Ölsardine! Macht 200 Euro!«

MIT DER GANZEN FAMILIE

»Papa, du sagst doch immer, du bereust es,
dass du keinen Lateinunterricht gehabt hast.«
»Stimmt. Wieso?«
»Ich habe die tolle Gelegenheit bekommen,
noch ein Jahr länger Latein zu lernen!«

»Tante, ich habe dir ein Bonbon aufgehoben!«
»Danke, Isabell, das ist nett von dir.«
»Schmeckt es dir denn auch?«
»Ja, es ist lecker!«
»Dann verstehe ich nicht, warum der Dackel
es eben ausgespuckt hat ...«

Oma besucht mit ihren Enkelkindern Paul und
Paula den Zoo. Im Vogelhaus erklärt sie ihnen:
»Das hier sind die Störche, die Tiere, die euch
eure kleinen Geschwister bringen!«
Flüstert Paula ihrem Bruder zu: »Wollen wir sie
aufklären oder lassen wir sie dumm sterben?«

Die Mutter streng zu ihrem kleinen Sohn:
»Nico, man steckt sich den kleinen Finger
nicht in die Nase!«
»Nicht?«, staunt Nico. »Aber die anderen pas-
sen doch alle nicht rein.«

»Oma, stimmt es, dass tote Menschen zu
Staub zerfallen?«
»Ja, das ist richtig!«
»Ich glaube, dann ist unter meinem Bett je-
mand gestorben.«

Die Schwester fragt: »Mami, ist unser neues
Baby aus dem Himmel gekommen?«
»Aber sicher doch! Ganz bestimmt!«
»Habe ich mir doch gedacht, dass die da oben
den Schreihals auch nicht haben wollten!«

Die Familie sitzt beim Essen. Peter will unbedingt etwas sagen, aber der Vater mahnt: »Wir hatten uns doch darauf geeinigt, dass bei den Mahlzeiten nicht gesprochen wird! Mit vollem Mund spricht man nicht!« Als alle fertig gegessen haben, darf Peter endlich reden. »Was gab es denn so Wichtiges?«, will Vater wissen. »Zu spät, Papa! Jetzt hast du die Schnecke auf dem Salatblatt schon aufgegessen!«

»Oma, die Geige, die du mir zum Geburtstag geschenkt hast, hat mir schon jede Menge Geld eingebracht!«, erzählt Jonas stolz. »Was? Gibst du denn schon Konzerte?« »Das nicht gerade, aber Papa gibt mir jedes Mal einen Euro, wenn ich aufhöre zu spielen.«

»Wo hast du denn dein Zeugnis?«, fragt der Vater seinen Sohn.
»Das habe ich Daniel geliehen. Der will damit seinen Vater erschrecken!«

Mama ist schwanger. Papa fragt Timo, ob er lieber ein Brüderchen oder ein Schwesterchen haben möchte. Timo druckst ein bisschen herum und meint dann: »Na ja, wenn es sich noch machen lässt, hätte ich lieber einen Hund!«

»Als ich in Sibirien war, wurde ich von zwölf Wölfen angefallen«, erzählt Opa.
Beschwert sich Jonas: »Opa! Letztes Jahr waren es noch drei!«
»Ja, da warst du auch noch zu klein, um die ganze Wahrheit zu erfahren!«

Die Oma sagt zu ihrem Enkelkind: »Du darfst
dir ein schönes Buch wünschen!«
Darauf das Enkelkind: »Am liebsten hätte ich
dein Sparbuch!«

»Papa, ist der Stille Ozean den ganzen Tag still?«
Der Vater antwortet verärgert: »So ein Quatsch!
Hast du keine sinnvollen Fragen?«
»Woran ist das Tote Meer gestorben?«

Verena ist mit dem Fahrrad gestürzt. »Ist deine
Nase noch heil?«, sorgt sich die Oma.
»Ja, Omi, ich glaube, die zwei Löcher waren
schon vorher drin.«

Lena fragt ihre Mutter: »Mami, warum ist der
Himmel so hoch?«
»Damit sich die Vögel nicht den Kopf stoßen!«

»Papa, ich will Oma heiraten!«
»Aber Junge, das geht doch nicht, du kannst doch nicht meine Mutter heiraten!«
»Wieso nicht? Du hast doch auch meine Mutter geheiratet!«

In der S-Bahn zeigt Oma dem Kontrolleur ihren Fahrschein. »Aber das ist ja eine Kinderfahrkarte, meine Dame!«, stellt der Kontrolleur fest. »Na und?«, antwortet Oma. »Da können Sie mal sehen, wie lange ich auf diese Bahn gewartet habe!«

Fritz hat mit Papa einen Ausflug gemacht.
»Na, wie war die Fahrt?«, will Mama nachher wissen.
»Toll!«, meint Fritzchen. »Wir haben einen Knallkopf, einen Armleuchter und drei Vollidioten überholt!«

Kathi gibt Omas Katze ein Küsschen.
»Nein, Kathi«, belehrt die Oma ihre Enkelin.
»Wenn man Haustiere küsst, können gefähr-
liche Krankheiten übertragen werden!«
Kathi staunt: »Ach so! Deshalb ist der Papagei
von der alten Tante Helga so plötzlich gestorben!«

Kai und seine Schwester liegen morgens im
Bett. Plötzlich meint Kai ganz leise zu Tina:
»Wenn Mutti uns jetzt nicht bald weckt, kom-
men wir noch zu spät zur Schule.«

»Meine kleine Schwester wird Donnerstag ge-
tauft!«
»Donnerstag? Was für ein blöder Name!«

Laura hat sich Lederhosen gekauft und ist ganz begeistert: »Wie gut die sitzen! Wie meine eigene Haut!«
»Kein Wunder«, brummelt ihr kleiner Bruder. »Ist ja auch Ziegenleder!«

Leon fragt seine Oma: »Oma, stimmt es, dass der liebe Gott uns zweimal Zähne schenkt und dass wir die dritten selbst bezahlen müssen?«

»Papa, meinst du, dass ich schon alt genug zum Autofahren bin?«
»Du schon, mein Sohn, aber das Auto nicht ...«

Die neue Lehrerin will vom kleinen Hanno
wissen:
»Warum kommen deine Eltern
denn nicht zum Elternabend?«
»Geht nicht. Die wurden vom Trecker über-
fahren.«
»Das ist ja schrecklich. Und wer sorgt jetzt für
dich? Deine Großeltern?«
»Die wurden auch vom Trecker überfahren.«
»Aber irgendwer muss sich doch um dich
kümmern! Was ist mit Tante und Onkel?«
»Die wurden auch vom Trecker überfahren.«
»Um Gottes willen. Was machst du denn dann
den ganzen Tag so allein?«
»Trecker fahren!«

Die Oma lobt Manuel: »Weil du heute so lieb warst, bekommst du ein ganz neues Eurostück!«
Meint Manuel: »Ach, Oma, das ist doch nicht nötig. Ein alter 10-Euro-Schein tut es doch auch!«

Anna schreibt Oma eine Postkarte aus dem Urlaub:
»Liebe Omi, ich schreibe dir ganz langsam, weil Mutti gesagt hat, du kannst nicht mehr so schnell lesen!«

Oma sitzt in der S-Bahn der kleinen Tanja gegenüber. Die kaut wie verrückt auf ihrem Kaugummi herum. Meint Oma: »Nett, dass du dich mit mir unterhalten willst, aber gib dir keine Mühe, mein Kind. Ich bin stocktaub!«

Im Sachunterricht geht es um das Thema »Haustiere«. Jeder soll ein paar Sätze schreiben. In Katjas Heft steht: »Leider bekomme ich keine Katze, weil meine Mutter einen Vogel hat.«

Elias ruft bei Oma an: »Stell dir vor, Oma, wir haben Zwillinge bekommen! Papa hat gerade aus dem Krankenhaus angerufen!«
»Das ist ja großartig!«, freut sich Oma. »Wisst ihr denn schon, wie sie heißen sollen?«
»Verflixt und Zugenäht – wenn ich Papa am Telefon richtig verstanden habe ...«

»Na, Thomas, betest du auch jeden Abend schön?«
»Nein, Herr Lehrer, das tut meine Mutter für mich!«
»Wie schön! Und was betet sie denn so?«
»Gott sei Dank, dass er endlich im Bett ist!«

Niklas kommt von der Schule nach Hause. Auf die Frage, was er heute so alles gelernt habe, berichtet er: »Wir haben heute in Physik über die Entfernung des Mondes gesprochen.«
»Und«, hakt der Vater nach, »weißt du es jetzt? Wie entfernt man ihn denn am besten?«

Clara ist ganz aufgeregt: »Oma, unser Baby klappert mit den Zähnen!«
»Aber Clara, das Baby hat doch noch gar keine Zähne!«
»Nein, es klappert mit Opas Zähnen!«

»Du, ich glaube, meine Mutter versteht nichts von Kindern«, beschwert sich Alwin.
»Wie kommst du denn darauf?«, fragt Onkel Hans.
»Wenn ich wach bin, schickt sie mich ins Bett, und wenn ich müde bin, weckt sie mich auf.«

»Warst du heute auch artig in der Schule?«,
fragt die Oma ihren Enkel.
»Klar doch, was soll man denn auch groß an-
stellen, wenn man den ganzen Vormittag in
der Ecke gestanden hat!«

Lasse lungert auf dem Sofa herum. Da er-
mahnt ihn seine Mutter:
»Junge, statt hier den ganzen Tag in den
Fernseher zu glotzen, solltest du lieber Vati bei
deinen Hausaufgaben helfen!«

JEDE MENGE
SCHERZFRAGEN

Welches Gebäck weiß auf jede Frage sofort die richtige Antwort? Der Google-hupf!

Was ist die Kreuzung zwischen einer Kuh und einer Sense? Der Rasenmuher.

Was ist ein Frosch ohne Schenkel? Langsamer.

Warum können Skelette nicht lügen? Weil sie so leicht zu durchschauen sind.

Was ist braun und hetzt durch den Wald? Ein ferngesteuertes Schnitzel!

Was ist grün und fliegt durch den Weltraum?
Ein Salattelit.

Warum gehen Skelette nicht an den Strand?
Da blamieren sie sich bis auf die Knochen!

Was ist rosa und schwimmt im Ozean? Eine
Meerjungsau!

Was ist rot, hat schwarze Punkte und
schwimmt auf dem Meer? Ein Marinekäfer.

Was ist schwarz-rot gestreift? Ein Zebra mit
Sonnenbrand.

Was ist weiß und rennt durch den Wald? Ein Waschbecken! Noch nie eins gesehen? Die sind dermaßen schnell ...

Was ist weiß und sitzt auf dem Fernseher? Eine Fliege im Nachthemd!

Wer macht den Fischen das Leben schwer? Die Seemobben.

Wie nennt man einen Ritter ohne Helm? Willhelm.

Warum summen Bienen? Weil sie den Text nicht können.

Was bekommt man, wenn das Waffeleisen kaputtgeht? Waffelstillstand.

Was fliegt durch die Luft und macht Mus-mus? Eine Biene im Rückwärtsgang.

Was ist blau und liegt auf der Wiese? Schlumpfkacke.

Was ist das Gegenteil von Katalog? Kata sagte die Wahrheit.

Warum gehen Skelette so oft in Horrorfilme? Weil eine Gänsehaut besser ist als gar keine.

Was ist ein Keks unter einem Baum? Ein schattiges Plätzchen.

Was ist gelb und schießt um die Ecke? Eine Banone.

Was läuft schießend durch den Wald? Schrotkäppchen.

Was liegt am Strand und hat einen Sprachfehler? Die Nuschel.

Was sagt der große Stift zum kleinen Stift? Wachs-mal-stift!

Was sagte Gott, als er das Ruhrgebiet erschaffen hatte? »Essen ist fertig!«

Was ist müde und steht auf der Weide? Ein Schlaf ...

Was ruft ein Skelett, wenn es einen Leichenwagen sieht? Hallo, Taxi!

Was ist der gefährlichste Tag im U-Boot? Der Tag der offenen Tür.

Was ist grau und kann nicht fliegen? Ein Parkplatz.

Was ist grün und flauschig weich? Ein Angora-Frosch.

Warum mögen Skelette Hunde nicht? Weil Hunde Knochen lieben!

Was ist das Gegenteil von Japan? Neinpan!

Wie viele Beine hat eine Kuh? Zwölf. Zwei links, zwei rechts, zwei vorn, zwei hinten und in jeder Ecke eins.

Wohin geht ein Reh, das keine Haare hat? In die Reha-Klinik.

Warum gehen Fliegen nicht in die Kirche? Sie sind In-sekten.

Was macht das Nilpferd, wenn es müde ist? Ein Dickerchen.

Was ist klein, schwarz, steht auf der Wiese und dreht sich wie verrückt? Ein Maulwurf beim Hammerwerfen!

Wie heißt ein helles Mammut? Helmut!

Wie nennt man Pilze, die springen können? Jumpignions!

Wie heißt ein Elefant, der einen schicken Anzug trägt? Elegant.

Wie nennt man einen Cowboy ohne Pferd? Sattelschlepper.

Wo macht ein Skelett Urlaub? Am Toten Meer natürlich!

Warum können Skelette nicht Rad fahren?
Weil sie kein Sitzfleisch haben.

Was ist der Unterschied zwischen einem Auto
und einer Rolle Klopapier? Ein Auto kann man
auch gebraucht kaufen.

Was passiert, wenn man ein gelbes Hemd ins
Rote Meer wirft? Es wird nass.

Was sollte man machen, wenn man in der
Wüste eine Schlange sieht? Sich hinten an-
stellen.

Was ist unsichtbar und riecht stark nach Möh-
ren? Ein Kaninchenfurz.

Wie nennt man einen Bären, der auf einer Kugel sitzt und schreit? Kugelschrei-bär.

Wie heißt ein Bär, der fliegen kann? Hubschrau-bär.

LUSTIGE BERUFE

Der Zauberer ruft für eine Vorführung einen
Jungen aus dem Publikum auf die Bühne.
»Guten Abend, mein Junge! Du siehst mich
auf der Bühne zum allerersten Mal!«
»Zum allerersten Mal!«, bestätigt der Junge.
»Und dir hat auch niemand etwas über den
Zaubertrick verraten, den ich jetzt vorführen
werde!«
»Natürlich nicht, Papa!«

Kommt ein Skelett zum Arzt. Meint der: »Sie
kommen aber spät!«

Die Schulklasse zu Besuch im Polizeirevier. Auf
dem Schreibtisch des Kommissars liegt eine
große Schere. »Wozu brauchen Sie die Schere,
Herr Kommissar?«, will Paul wissen.
»Na, ist doch klar! Damit schneide ich Verbre-
chern auf der Flucht den Weg ab!«

»Herr Doktor, mein Mann glaubt, er wäre ein Hubschrauber!«
»Schicken Sie ihn morgen zu mir in die Sprechstunde!«, meint der Arzt.
»Geht in Ordnung! Und wo soll er landen?«

Die letzten Worte des Ballonfahrers: »So nah waren wir noch nie am Eiffelturm ...«

»Was haben Sie denn für ein Problem?«, fragt der Arzt den neuen Patienten.
»Eine leere Garage.«
»Das meinte ich nicht. Was fehlt Ihnen?«
»Ein Auto.«

Eine Kuh trifft auf einen Polizisten: »So ein Zufall, mein Mann ist auch Bulle!«

Der Schulrat besucht die Schule und testet
die Klasse des neuen Lehrers: »Nennt mir mal
Eigenschaftswörter, die euch geläufig sind.«
Schon tobt die Klasse durcheinander: »Sau-
blöd, abartig, bescheuert, beknackt, ätzend ...«
Der Schulrat wendet sich entrüstet an den
Lehrer: »Von wem haben die Kinder nur diese
Ausdrücke gelernt?«
Der Referendar: »Was weiß ich, von wem die-
se lausigen Kacker so etwas haben.«

Die letzten Worte des Bärenjägers: »Na Klei-
nes, wo ist denn deine Mami?«

Der Schuldirektor tadelt die Putztruppe: »So
was nennt ihr putzen? Fingerdick liegt der
Staub hier auf dem Globus!«
Meint der Hausmeister: »Das ist auch kein
Kunststück, wenn Sie mit dem Finger direkt
über die Sahara fahren ...«

Auf dem Kreuzfahrtschiff fragt der Steward den Kapitän:
»Herr Kapitän, wir haben einen blinden Passagier an Bord! Was sollen wir mit dem machen?«
»Werfen Sie ihn sofort über Bord!«
»Sofort, Sir!«
Zehn Minuten später kommt der Steward zurück.
»Und was machen wir jetzt mit dem Blindenhund?«

Die letzten Worte des Dachdeckers: »Verdammt, ist das windig heute!«

Heute steht Verkehrserziehung auf dem Plan. Mandy soll erklären, wie ein Polizist den Verkehr regelt. Selbstbewusst erklärt sie: »Solange der Verkehrspolizist auf der Kreuzung vor der Schule seine Arme quer gespreizt hat, lässt er keinen fahren ...«

»Mama, ich will nicht in die doofe Schule!«
»Jetzt steh endlich auf, Paul!«
»Ach, Mama, sag mir zwei gute Gründe, warum ich da hingehen muss!«
»Du bist 45 Jahre alt und der Schuldirektor!«

Frau Müller beklagt sich beim Psychologen:
»Herr Doktor, mein Mann hält sich für einen Briefkasten!«
Der Arzt fragt nach: »Und warum erzählt er mir das nicht selber?«
Daraufhin Frau Müller: »Aber das kann er doch nicht! Er hat den ganzen Mund voller Briefe!«

Der zerstreute Mathelehrer geht mit gebeugtem Rücken zum Arzt: »Bitte helfen Sie mir! Ich kann weder stehen noch liegen!«
Meint der Arzt. »Ich würde Ihnen raten, den Hosenknopf aus dem dritten Knopfloch Ihrer Weste zu lassen!«

Die letzten Worte des Bombenentschärfers:
»Ich knips jetzt mal das rote Kabel durch ...«

Die letzten Worte des Briefträgers: »Braver
Hund ...«

Die letzten Worte des Arztes, der einen Feu-
erschlucker behandelt: »Sagen Sie bitte mal
Aaah!«

Treffen sich zwei Gespenster.
»Und, hast du gestern den Job im Restaurant
bekommen?«, will das eine wissen.
»Ja! Ist das nicht toll?«, freut sich das andere.
»Du bist jetzt also Kellner?«
»Nein, Tischtuch!«

Ein Skelett kommt zum Zahnarzt. »Ihre Zähne sind prima. Aber das Zahnfleisch macht mir Sorgen!«

IN DER SCHULE

Fabian wird vom Geschichtslehrer ausgefragt:
»Warum hat Hannibal mit seinem Heer die
Alpen überschritten?«
»Weil es noch keinen Tunnel gab!«

»Latein ist eigentlich eine tote Sprache«, erklärt der Lehrer.
Da brummt es aus der letzten Reihe: »Warum
begräbt man sie dann nicht endlich?«

»Woher kommt der Strom?«, will der Lehrer
wissen.
»Aus dem Urwald!«, ruft Johannes.
»Wie kommst du denn darauf?«
»Mein Papa hat heute Morgen gesagt: ›Jetzt
haben diese Affen uns schon wieder den
Strom abgestellt!‹«

Der Biolehrer spricht über die Verdauung:
»Weiß einer, warum Blähungen so stinken?«
Ruft der kleine Max: »Damit auch Schwerhörige was davon haben!«

Der Lehrer in der 4. Klasse ist genervt.
»Wie oft soll ich euch noch sagen, dass es nur zwei gleiche Hälften gibt, keine ungleichen. Aber ich merke schon, die größere Hälfte von euch begreift das wieder nicht!«

»Hitze«, erklärt die Lehrerin der Klasse, »dehnt Material aus, bei Kälte hingegen schrumpft es. Kann mir jemand ein Beispiel nennen?«
»Ja, ich«, meldet sich Beate. »Im Sommer sind die Tage länger als im Winter.«

Die Lehrerin will wissen: »Woran sind die Schlangen zu unterscheiden?«
Da sagt Anja: »Wenn Schlangen gut sehen, dann sind es Seeschlangen. Wenn sie schlecht sehen, dann sind es Brillenschlangen. Wenn sie gar nichts sehen, dann handelt es sich um Blindschleichen.«

Der Lehrer erklärt die Verkleinerungsform:
»Brot – Brötchen, Torte – Törtchen. Wer kennt
noch Beispiele?«
Mark ruft: »Kitt – Kittchen.«

Während der Mathestunde fragt Fabian seinen
Banknachbarn: »Kommst du in der Pause mit
raus auf den Hof oder schläfst du durch bis
zur Deutschstunde?«

Der Mathelehrer jammert: »Ich bin ja hier
wohl der Einzige, der arbeitet!«
Flötet Annika: »Sie sind ja auch der Einzige,
der dafür bezahlt wird.«

»Herr Lehrer, warum habe ich in Mathe eine 6
bekommen?«
»Weil es keine 7 gibt!«

Deutschaufsatz.
Das Thema lautet: ›Was würde ich tun, wenn
ich Millionär wäre?‹
Oskar ist zuerst fertig. Sein Aufsatz besteht aus
einem einzigen Wort: »Nichts!«

In der Physikstunde soll ein Versuch durchge-
führt werden.
Fragt die ängstliche Marina: »Haben Sie auch
an unsere Sicherheit gedacht?«
Antwortet der Lehrer: »Ach was, Schüler
wachsen ja nach!«

»Hans, wie schreibt man Saxophon?«, fragt
der Lehrer.
Hans antwortet: »Aber Herr Lehrer, Saxophon
bläst man!«

In der Geschichtsstunde: »Wie hieß die Rachegöttin der alten Griechen?«
»Rachitis, Herr Lehrer!«

»Reginald, du hast schon wieder den mit Abstand schlechtesten Aufsatz geschrieben!«, tadelt die Lehrerin. »Warum lässt du dir nicht von deinem Vater helfen? Der ist doch Schriftsteller.«
»Stimmt schon«, meint Reginald kleinlaut. »Aber der will mir nicht mehr helfen, seit Sie ihm für den letzten Aufsatz eine glatte Fünf gegeben haben ...«

Elternsprechtag. Der stolze Vater zum Lehrer: »Sind Sie nicht auch der Ansicht, dass mein Sohn in seinen Aufsätzen sehr originelle Einfälle hat?«
»Schon«, meint der Lehrer, »besonders in der Rechtschreibung.«

Die Klasse schweigt. Der überraschte Lehrer fragt: »Ist das jetzt ein Schulstreik oder wisst ihr echt nichts?«

Im Deutschunterricht. Der Lehrer: »Was meint ihr, gibt es zu dem Wort Lebensgefahr eine Mehrzahl?«
Meldet sich Sebastian: »Logo! Lebensgefährtinnen!«

»Wenn ein Stück Land ins Meer ragt, ist das eine Landzunge. Was ist es aber, wenn ein Stück Meer ins Land hineinragt, Paula?«, fragt die Lehrerin in Geografie.
Meint Paula: »Eine Seezunge!«

Matheunterricht. Die Schüler sind verwirrt:
»Gestern haben Sie uns beigebracht, dass fünf
und fünf zehn sind. Heute sind auf einmal
sechs und vier zehn! Was sollen wir uns denn
jetzt merken?«

»Wer war der erste Mann?«, fragt der Reli-
gionslehrer.
»Adam«, kommt die prompte Antwort.
»Und wer war die erste Frau?«
»Na, seine Mutter!«, gibt Natascha erstaunt
zurück.

Zur Auflockerung des trockenen Physikunter-
richts bittet der Lehrer die Kinder, Sprüche zu
erfinden, die etwas mit Physik zu tun haben.
Mareike schreibt: »Ihr da Ohm, macht doch,
Watt ihr Volt!«

»Herr Lehrer, kann man für etwas bestraft
werden, das man nicht getan hat?«
»Natürlich nicht!«, lautet die Antwort.
Die Schüler atmet auf: »Das ist gut. Ich habe
nämlich vergessen, meine Hausaufgaben zu
machen.«

Der Lehrer fragt: »Wie entsteht Tau?«
»Die Erde dreht sich so schnell, dass sie dabei
ins Schwitzen kommt.«

»Wer kann mir die drei Eisheiligen nennen?«
Meldet sich Mike: »Langnese, Schöller und Dr.
Oetker!«

»Fritzchen, du hast abgeschrieben! Der Aufsatz zum Thema ›Unser Hund‹ ist wortwörtlich derselbe wie der deines Bruders!«
»Kein Wunder, Frau Lehrerin! Es ist ja auch derselbe Hund!«

»Udo, wie kommen 19 Fehler in deinen Aufsatz?«, fragt der Lehrer streng.
»Keine Ahnung! Mein Ranzen war die Nacht über verschlossen in meinem Zimmer ...«

Am ersten Schultag möchte die Lehrerin ihre Klasse kennenlernen.
»Jetzt sagt mir bitte jeder, wie er heißt«, sagt die Lehrerin.
»Ich heiße Achim«, sagt der erste Schüler.
»Das heißt Joachim!«, verbessert die Lehrerin.
»Ich heiße Hannes«, sagt der zweite Schüler.
»Das heißt Johannes!«, weiß die Lehrerin.
Meldet sich der dritte Schüler: »Ich heiße Jokurt.«

Papa: »Und Leon, wie war heute der Unterricht?«
Leon: »Total klasse; wir haben in Chemie Sprengstoff hergestellt!«
Papa: »Ist ja irre. Und was macht ihr morgen in der Schule?«
Leon: »Welche Schule?«

UM DIE ECKE GEDACHT

»Michael, ich muss doch sehr bitten! Komm in Zukunft mit sauberen Ohren in die Schule!« »Wie soll ich das machen?«, antwortet Michael verzweifelt. »Ich hab doch keine anderen!«

Der Chemielehrer fragt: »Was passiert mit Silber, wenn es längere Zeit der Luft ausgesetzt wird?«
Die Antwort kommt prompt: »Es wird gestohlen!«

Im Biologieunterricht fragt die Lehrerin: »Kann mir jemand sagen, woran man das Alter von Hühnern erkennt?«
»An den Zähnen«, meint Sven.
»Hühner haben doch gar keine«, wundert sich die Lehrerin.
»Hühner nicht, aber die Menschen, die sie essen.«

»Was hat du denn heute im Diktat geschrieben, mein Sohn?«
»Was du dir schon lange im Lotto wünschst: einen Sechser!«

Annette soll in Mathe den Kreis definieren. Sie blickt lange auf die Tafel, dann sagt sie: »Der Kreis ist eine runde Linie, bei der man nicht weiß, wo sie anfängt.«

Zwei Ostfriesen stehen am Meer, es ist Ebbe.
»Mensch, Hein! Wo ist denn die See? Gestern war sie doch noch da!«
»Oha! Das waren bestimmt die Seeräuber!«

Wie nennt man den Zustand kurz nach dem Aufstehen? Morgengrauen!

Die Lehrerin ist erbost und tadelt Sandra: »Ich hoffe, dass ich dich nie mehr beim Abschreiben erwische!«
»Das hoffe ich auch!«, murmelt Sandra.

Der Sohn des Gangsterbosses kommt aus der Abiturprüfung.
»Nun, wie war's?«, fragt der Vater.
»Ist supercool gelaufen«, antwortet der Sohn, »drei Typen haben mich vier Stunden ins Kreuzverhör genommen, aber ich habe absolut dichtgehalten!«

Kommt ein Skelett in ein Lokal und setzt sich an einen Tisch. Nichts passiert. Nach zwei Stunden kommt der Ober und sagt: »Oh, tut mir leid, dass Sie so lange warten mussten.«

Der Ostfriese hat ein neues Zahlenschloss gekauft, kommt aber nicht damit klar. Die Geheimzahl ist 55555, aber er weiß nicht mehr, in welcher Reihenfolge ...

Warum streuen die Ostfriesen Pfeffer auf den Fernseher?
Damit das Bild schärfer wird.

Der Mathelehrer will wissen: »Wie viel ist 2+2?«
Das Rechengenie der Klasse antwortet grinsend: »5 inklusive Mehrwertsteuer. 0, wenn der Taschenrechner kaputt ist. Und 4, wenn man gar keine Fantasie hat.«

Zwei Tomaten laufen auf der Straße.
Die eine wird überfahren.

Meint die andere: »Komm, Ketchup, lass uns weitergehen.«

Im Biologieunterricht soll Angelina den Unterschied zwischen Esel und Pferd erklären. Sie überlegt lange und sucht nach einer Formulierung. Schließlich meint sie: »Esel sind Pferde, die die Schule geschwänzt haben.«

Laufen zwei Zahnstocher den Berg hoch und werden plötzlich von einem Igel überholt.
Sagt der eine Zahnstocher zum andern: »Verflixt! Wir laufen uns hier die Hacken ab und da fährt doch tatsächlich ein Bus!«

Ein Ostfriese lehnt sich gegen eine Mauer. Die Mauer fällt um. Warum?
Der Klügere gibt nach.

In der Physikstunde fragt der Lehrer: »Was ist eigentlich Elektrizität?«
»Das kann ich Ihnen sagen«, meldet sich Marco stolz, »morgens unter Spannung aufstehen, mit Widerstand in die Schule gehen, in allen Stunden gegen den Strom schwimmen, geladen nach Hause kommen und dann noch eine gewischt bekommen.«

Zwei Inuit auf dem Heimweg.
Fragt der eine den anderen: »Wo ist denn eigentlich dein Iglu?«
Zuckt der andere zusammen: »O nein! Ich habe vergessen, das Bügeleisen auszuschalten!«

Der Physiklehrer fragt: »Was ist ein Lichtjahr, Sven?«
Der antwortet: »Die Stromrechnung für 365 Tage.«

In der Schule gibt es seit Neuem Garderoben-
haken mit der Aufschrift: »Für Lehrer«.
Jemand hat mit dem Filzstift darauf ergänzt:
»Man kann aber auch Mäntel daran auf-
hängen.«

Ein älterer Herr beschwert sich übellaunig
beim Nachbarn: »Ihr Hund jagt immer Leuten
auf dem Fahrrad hinterher? Nehmen Sie ihm
endlich das Fahrrad weg!«

Sagt der Hase zum Schneemann: »Möhre her
oder ich föhn dich!«

»Julia, warum hast du denn den Teddy in den Tiefkühlschrank gelegt?«
»Ich hätte doch so gerne einen Eisbären, Mama!«

In der Geschichtsstunde fragt die Lehrerin:
»Sabrina, wann ist Napoleon gestorben?«
»Ach, ist der tot?«
»Was, das weißt du nicht?«, meint die Lehrerin
erstaunt.
»Nein, wir haben keinen Fernseher daheim.«

Klaus-Dieter schwänzt immer wieder die
Schule und geht auf den Fußballplatz. Der
Lehrer redet ihm ins Gewissen: »Weißt du,
was aus einem Jungen wird, der nichts lernt
und nur Fußball spielt?«
»Millionär.«

Biologieunterricht. »Was versteht man eigentlich unter Pubertät?«
Meike meldet sich: »Das ist, wenn die Eltern
schwierig werden.«

IN EINEM SATZ

Alle Kinder bekommen eine Schwimmweste,
nur nicht Bianca, die bekommt den Anker.

Alle Kinder kriegen vom Nikolaus Geschenke,
nur nicht Ute, die kriegt die Rute.

Alle Kinder dürfen umsonst in den Zoo, nur
nicht Kalle, der zahlt für alle.

Alle Kinder essen Fleisch – außer Björn, der
mag nur Möhr'n.

Alle Kinder sind gern Cowboys, nur nicht Hasso, der hängt im Lasso.

Alle Kinder fahren Eisenbahn, nur nicht Sabine, die liegt auf der Schiene.

Der Sumo-Ringer hat beim Training ein Bein gebrochen – zum Glück nicht sein eigenes.

Alle Kinder fahren Ski, nur nicht Sabine, die steckt in der Lawine.

Alle Kinder gucken staunend in die Schlucht, nur nicht Hein, der fällt rein.

Alle Kinder konnte man sehen, nur nicht Jochen, den hat man gerochen.

Alle Kinder mögen das Gewitter, nur nicht
Fritz, den traf der Blitz.

Alle Kinder rennen aus dem brennenden Kino,
nur nicht Abdul, der klemmt im Klappstuhl.

Alle Kinder rennen übers Eis, nur nicht Vera,
die war schwerer.

Alle Kinder sagen in der Kirche »Amen«, nur
nicht Ingo, der ruft »Bingo«.

Alle Kinder schauen in das brennende Haus,
nur nicht Klaus, der guckt raus.

Alle Kinder schwimmen im Fluss, nur nicht Gunther, der geht unter.

Alle Kinder fahren Achterbahn, nur nicht Klaus, der fliegt raus.

Alle Kinder sitzen am Lagerfeuer, nur nicht Gitte, die sitzt in der Mitte.

Leonie hat heute Nacht geträumt, dass sie ein großes Marshmallow gegessen hat – und am Morgen war das Kopfkissen weg.

Alle Kinder wohnen in einem Haus, nur nicht Ulli, der wohnt im Gulli.

Alle Kinder springen über die Schlucht, nur nicht Peter, dem fehlt ein Meter.

Alle Kinder studieren, nur nicht Henner, der wird Penner.

Kein Tier ist stärker als die Schnecke – die trägt nämlich ihr ganzes Haus.

Alle Kinder spielen Metzger, nur nicht Hein, der spielt das Schwein.

Alle Kinder werfen mit Steinen, nur nicht Steffen, den wollen sie treffen.

Alle Kinder wandern auf den Gletscher, nur nicht Malte, der fällt in die Spalte.

Egal, wie tief du schläfst: Albert schläft wie Einstein!

Kennst du den Sekundenwitz? Schon vorbei!

Alle Kinder haben Haare, nur nicht Atze, der hat schon eine Glatze.

Alle Kinder fahren Fahrrad, nur nicht Susanne, die hat eine Panne.

Alle Kinder spielen im Sand, nur nicht Hein, den gruben sie ein.

Alle Kinder gehen zur Schule, nur nicht Frank, der macht krank.

KOMISCHE MISSVERSTÄNDNISSE

Lehrer: »Es gibt zwei Wörter, die ich nie mehr von euch hören will. Das eine ist ›affengeil‹ und das andere ›saudoof‹!« Meldet sich ein Schüler: »Geht in Ordnung. Und wie heißen die beiden Wörter?«

Lehrer: »Tina, was heißt Glocke auf Englisch?«
Tina: »Weiß ich nicht.«
Lehrer: »Bell!«
Tina: »Wau, wau, wau!«

Der Vater sagt böse zum Sohn: »Klaus, heute habe ich deinen Klassenlehrer getroffen.«
Klaus verständnisvoll: »Komischer Kerl, was? Loben tut der keinen!«

Peter steht auf der Brücke und heult. Ein Fußgänger fragt besorgt nach.
»So böse Typen haben meinen Hamburger in den Fluss geworfen!«
Der Helfer ist empört: »Womöglich noch mit Absicht?«
»Nein«, jammert Peter. »Mit Käse und Tomaten!«

In Erdkunde fragt der Lehrer: »Was kannst du mir über die Passatwinde erzählen?«
»Keine Ahnung«, antwortet Georg. »Wir fahren einen Golf.«

»Paul, was stellst du dir unter einer Hängebrücke vor?«
»Wasser, Herr Lehrer!«

Nicola wird nicht in die nächste Klasse versetzt. Als ihr Klassenlehrer ihr das Zeugnis überreicht, meint er: »Nicola, wenn dein Vater die Note sieht, wird er graue Haare kriegen.« Darauf antwortet Nicola begeistert: »Ein schöneres Geschenk könnte ich ihm nicht machen! Er hat seit Jahren 'ne Glatze!«

Wofür sind in Holland die Windmühlen da? – Das sind Ventilatoren für die Kühe, damit sie im Sommer nicht schwitzen.

»Wie war denn dein Urlaub in Venedig?«, fragt die Lehrerin die kleine Katja nach den Sommerferien.
»Wir hatten Pech, die ganze Stadt stand komplett unter Wasser.«

»Lennart, was ist dein Vater?«

»Er ist krank, Herr Lehrer.«

»Ich meine, was macht er?«

»Er hustet.«

»Und was macht er, wenn er gesund ist?«

»Dann hustet er nicht.«

»Begreifst du denn nicht? Ich will wissen, was dein Vater ist, wenn er nicht hustet und nicht krank ist.«

»Dann ist er gesund, Herr Lehrer!«

»Morgen habe ich schulfrei, Mama!«

»Wieso das denn, Timo?«

»Der Lehrer ist verreist!«

»Wohin denn?«

»Keine Ahnung. Am Ende der letzten Stunde hat er nur gesagt: Schluss für heute, morgen fahre ich fort!«

Im Erdkundeunterricht fragt der Lehrer: »Stella, kannst du mir eine europäische Hauptstadt nennen?«
»Klar, welche zum Beispiel?«

Ein Ostfriese sucht sich im Musikgeschäft zwei Instrumente aus. Nach langer Überlegung meint er: »Ich möchte die rote Trompete und die weiße Ziehharmonika da an der Wand!«
»Gern«, meint der Verkäufer. »Den Feuerlöscher können Sie gleich mitnehmen, aber den Heizkörper müssen wir erst abmontieren!«

Im Geschäft.
»Ich hätte gern ein Pfund Mehl!«
Der Verkäufer: »Das heißt jetzt Kilo!«
Der Kunde: »Gut, dann geben Sie mir ein Pfund Kilo!«

Frau Müller sitzt im Café. Da öffnet sich die Tür und ein Pferd kommt herein. Es geht zur Theke, bestellt sich ein Erdbeereis und geht wieder. Frau Müller spricht den Kellner an: »Das ist ja ganz und gar ungewöhnlich!« – »Ja«, meint der Kellner. »Sonst nimmt es immer Schokolade!«

In der Unterwäscheabteilung des Kaufhauses. Sagt der Kunde: »Ich hätte gerne Unterhosen!«
»Lange?«, will die Verkäuferin wissen. Der Kunde schüttelt den Kopf.
»Für immer! Ich will sie nicht mieten, sondern kaufen!«

Der Klavierlehrer prüft seine Schüler: »Was bedeutet Pianoforte?«
Sarah meldet sich selbstsicher: »Das ist Italienisch und bedeutet: Das Klavier ist weg.«

»Mama, der Thommy hat in der Pause mit einem Mädchen aus meiner Klasse Doktor ge-spielt!«
»Das ist doch nicht schlimm, Kind.«
»Stimmt, Mama, der Blinddarm musste sowie-so raus ...«

Im Zoo. Daniel ist ganz nachdenklich. »Was würde der Tiger jetzt sagen, wenn er sprechen könnte, Herr Lehrer?"
»Er würde sagen: Daniel, ich bin ein Leo-pard!«

Herr Meier stürzt in den Haushaltswarenladen: »Schnell, eine Mausefalle! Ich muss den Bus noch erwischen!«
Meint der Verkäufer: »Tut mir leid, aber so große Fallen haben wir nicht!«

»Mann, habe ich mich heute in Geografie blamiert! Ich konnte den Äquator nicht finden.«
»Das kommt von der Unordnung in deiner Schultasche!«, schimpft die Mutter.

Geografieunterricht. Es geht um Grönland und den hohen Norden. Der Lehrer fragt: »Was wisst ihr über die Inuit« Meldet sich Thorsten: »Das müssen eiskalte Typen sein.«

Der Englischlehrer fragt die Klasse: »Was heißt Bürgermeister auf Englisch?«
Darauf rufen alle im Chor: »Burger King!«

Opa möchte sich einen Hund kaufen. Im Laden fragt er den Verkäufer: »Ist dieser Hund auch treu?« Der Verkäufer antwortet: »Aber natürlich. Viermal habe ich ihn schon verkauft, und er ist immer wieder zurückgekommen.«

Die kleine Emma ist mit ihrer Mama im Zoo. Vor dem Affenkäfig bemerkt Emma begeistert: »Schau mal, Mami, der große Affe dort sieht genau aus wie Onkel Werner!«
»Aber, Emma«, erwidert die Mutter entrüstet, »so etwas sagt man doch nicht!«
»Warum denn nicht, Mami? Der Affe versteht das doch nicht!«

Sagt der Lehrer: »Also, ich mache jetzt mal hier vorne zwei Haufen!«
Alle lachen.
»Wenn nicht gleich Ruhe ist, setze ich einen vor die Tür!«

Der Schularzt fragt Mario: »Hast du schon
einmal Schwierigkeiten mit der Nase oder mit
den Ohren gehabt?«
»Ja, wenn ich einen Pullover anziehe!«

Stefan soll einen Geschichtsaufsatz verfassen. Er schreibt: »Als der Feldherr sah, dass die Schlacht verloren war, übergab er sich, und alle Soldaten taten es ihm nach.«

Die Klasse bestaunt im Museum ein Skelett. Da meint Christopher: »Guckt mal, das Skelett hat eine Nummer: GP 2231. Was die wohl bedeutet?«
»Ist doch klar«, meint Veronika, »das ist die Nummer des Autos, das den Mann überfahren hat!«

Die kleine Valerie ruft in der Arztpraxis an: »Kommen Sie schnell, Herr Doktor, mein Bruder hat Fieber.«
»Ist es sehr hoch?«, fragt der Arzt zurück.
»Nein«, antwortet Valerie, »nur im zweiten Stock!«

Der dicke Markus hat es satt, sich von seinen Klassenkameraden wegen seiner Körperfülle hänseln zu lassen. Er lässt sich vom Arzt eine Diät verschreiben. Zwei Wochen später meint der Lehrer: »Na, Markus, mir scheint, du hast trotz Diät kein Gramm abgenommen. Hältst du dich eigentlich daran?«
»Na klar«, entrüstet sich Markus, »es ist aber gar nicht so einfach, die Diät neben den normalen Mahlzeiten noch reinzukriegen ...«

»Wie fandest du das Wetter heute?«
»Ganz einfach, ich ging vor die Tür und da war es!

Zwei Freunde in ihrem Lieblingslokal.
Tim: »Was bin ich froh, dass ich mir mein Essen nicht mehr selber jagen muss!«
Tom: »Du hast recht! Ich wüsste gar nicht, wo ich mir eine Pizza schießen sollte ...«

ZUM WEITER-ERZÄHLEN

»Unser Hund Hasso ist so klug, wenn du ihm fünf Euro gibst, rennt er los und holt dir eine Pizza!«
»So ein Quatsch! Ich habe ihm vor fast zwei Stunden zehn Euro gegeben und er ist immer noch nicht zurück!«
»Das ist klar! Wenn du ihm zehn Euro gibst, geht er ins Kino!«

Auf welche Taste drückt der Ostfriese, wenn sein Computer brennt?
Auf die Löschtaste natürlich.

Der Fuchs hat ein paar Hühner geholt. »Die waren ungezogen«, erklärt Mutter den Kindern, »und deshalb hat sie zur Strafe der Fuchs gefressen!«
»Nicht so schlimm für die Hühner!«, meint Jonas. »Wären sie brav gewesen, hätten wir sie gegessen!«

Eine ältere Dame fragt den Nachbarsjungen:
»Na, mein Junge, gehst du schon zur Schule?«
Der Nachbarsjunge meint darauf: »Ich gehe
nicht, ich werde geschickt!«

Zwei Luftballons fliegen durch die Wüste.
Auf einmal warnt einer: »Vorsicht! Kaktus!«
Meint der andere: »Das macht
nichtsssssssssssssssssssssss ...«

Kommt ein Indianer zum Sheriff: »Ich möchte meinen Namen ändern lassen!«
»Wie heißen Sie denn?«
»Rauschender Adler, der vom Himmel in das Wasser des Flusses fällt!«
»Aha! Und wie möchten Sie heißen?«
»Plumps!«

Hochsommer, kurz vor einem Gewitter. Herr Meyer läuft mit dem Gartenschlauch durch seinen Garten und wässert den Rasen.
»Was machen Sie denn da?«, wundert sich Nachbar Schulze. »Es gibt doch gleich Regen!«
»Genau!«, meint Herr Meyer. »Und ich will unbedingt vorher fertig werden!«

»Meinst du, der Mond ist bewohnt?«
»Aber sicher doch! Da oben brennt doch jeden Abend Licht!«

Warum hat der Ostfriese keine Tür vor seiner Dusche?
Damit niemand durch das Schlüsselloch gucken kann.

»Stellt euch einmal vor, liebe Schüler, wie es wäre, wenn der Mond bewohnt wäre ...«
»Keine gute Idee, Herr Lehrer! Ich stelle mir gerade das Gedränge vor, wenn Halbmond ist.«

Der Tourist ist zum ersten Mal in Bayern. Im Hotel begrüßt ihn ein Einheimischer im Fahrstuhl. »Grüß Gott!«
Entgegnet der Tourist: »Würde ich ja, aber so hoch fahre ich nicht!«

Der Arzt hat Herrn Müller Seeluft verschrie-
ben.
Herr Müller hat aber kein Geld für eine Reise.
Wie löst er das Problem?
Er kauft sich einen Hering und hängt ihn zu
Hause vor den Ventilator ...

Wie bekommt man einen Elefanten in den Kühlschrank? Tür auf, Elefant rein, Tür zu.
Wie bekommt man eine Giraffe in den Kühlschrank? Tür auf, Elefant raus, Giraffe rein, Tür zu.
Wie erkennt man, dass ein Elefant im Kühlschrank war? Fußstapfen in der Butter.
Wie erkennt man, dass zwei Elefanten im Kühlschrank waren? Noch mehr Fußstapfen in der Butter.
Wie erkennt man, dass eine Giraffe im Kühlschrank ist? An dem Elefanten, der davorsitzt.
Wie erkennt man, dass drei Elefanten im Kühlschrank sind? Die Tür geht nicht richtig zu.

Warum geht der Ostfriese nackt in den Garten? Damit die Tomaten rot werden!

Die Lehrerin möchte von der Klasse wissen:
»Wer kann mir erklären, was eine Mumie ist?«
Kevin meldet sich: »Ein eingemachter König.«

Was waren Tarzans letzte Worte?
Wer hat die Liane eingeöööölt ...

Der Lehrer fragt: »Kannst du mir sagen, wann
dein Vater geboren wurde?«
Darauf Philipp prompt: »Nein, da war ich noch
nicht auf der Welt.«

Der Religionslehrer fragt die Klasse: »Was
geschieht, wenn du eines der Zehn Gebote
brichst?«
»Na, dann sind's eben nur noch neun!«

Der Lehrer fragt: »Wie nennt man die Lebewesen, die teils im Wasser, teils an Land leben?«
»Badegäste!«, weiß Sören sofort.

»Nun erzähl schon«, bittet Jana ihre Freundin Jasmin. »Hast du die Prüfung bestanden?«
»Nein«, seufzt Jasmin, »aber von den Durchgefallenen bin ich eine der Besten!«

Verzweifelt fragt der Lehrer in Mathematik einen gelangweilten Schüler: »Was glaubst du wohl, welche Worte ein Lehrer am häufigsten von seinen Schülern hört?« – »Weiß ich nicht«, antwortet der Schüler – »Richtig«, seufzt der Lehrer.

Betti fragt Tina: »Was strickst du denn da?«
»Einen Pullover.«
»Aber warum beeilst du dich denn dabei so?«
»Ich will fertig werden, bevor die Wolle auf-
gebraucht ist.«

Der kleine Olaf findet vor dem Haus einen
100-Euro-Schein und will ihn sofort einste-
cken. Die Nachbarin bemerkt das und tadelt:
»Den musst du aber im Fundbüro abgeben!«
»Aber der gehört doch meiner Mama!« erwidert Olaf.
»Ja, und woher willst du das wissen?«
»Weil Papa immer sagt, dass Mama das Geld
zum Fenster herauswirft!«

»Alle reden von Lehrermangel. Nur bei uns
fehlt nie einer.«

Was hassen alle Fische? Antischuppen-Shampoo.